武

国家出版基金项目
NATIONAL PUBLICATION FOUNDATION

李惠 主编　/　曾卫红 动作示范

武术中国

太极助眠功

曾乃梁　卫香莲 编著

中原出版传媒集团
中原传媒股份公司
河南电子音像出版社
·郑州·

图书在版编目（CIP）数据

太极助眠功 / 曾乃梁，卫香莲编著 .—郑州 ：河南电子音像出版社，2018.8（2021.11 重印）
ISBN 978-7-83009-246-7

Ⅰ. ①太… Ⅱ. ①曾… ②卫… Ⅲ. ①太极拳-应用-失眠-防治 Ⅳ. ①G852.11 ②R749.7

中国版本图书馆 CIP 数据核字（2018）第 186384 号

太极助眠功

曾乃梁 卫香莲 编著

出 版 人：温新豪　　选题策划：郭笑丹
责任编辑：赵丽洁　　责任校对：李晓杰
装帧设计：刘运来工作室　　造型设计：赵雨琪
摄　像：林伟峰　徐瑞勋　　视频后期：范丽娜　李沃桐　韩小枝
录　音：胡　辉　王　珅　　美　工：张　勇　李景云　郭　宾

出版发行：河南电子音像出版社
地　址：郑州市郑东新区祥盛街 27 号
邮政编码：450016
经　销：全国新华书店
印　刷：辉县市伟业印务有限公司
开　本：787 mm×1092 mm　1/16
印　张：7.5 印张
字　数：96 千字
版　次：2018 年 8 月第 1 版
印　次：2021 年 11 月第 2 次印刷
定　价：53.00 元

1. 曾乃梁任首届世界武术锦标赛中国队领队时率队进场
2. 在首届东亚运动会上，曾乃梁等向恩师、著名武术家张文广教授敬酒
3. 曾乃梁作为第 12 届亚运会中国武术队主教练与队员合影
4. 曾乃梁和爱徒高佳敏、林秋萍、陈思坦在第二届世界太极交流大赛上合影

5. 在首届东亚运动会上，曾乃梁作为中国武术队主教练和队员合影
6. 曾乃梁指导爱徒、世锦赛金牌运动员王二平和高佳敏
7. 曾乃梁与爱徒、世界男子太极拳冠军陈思坦为拳友演示“太极拳对练”

8. 曾乃梁与夫人卫香莲习练“太极拳对练”
9. 曾乃梁指导爱徒、女子枪术世界冠军魏丹彤
10. 曾乃梁爱徒、世界女子太极拳冠军高佳敏演示太极剑

11. 曾乃梁指导爱女曾卫红演练“太极双珠”
12. 曾乃梁爱女曾卫红练功照

13. 曾乃梁与爱徒、国际大赛冠军林秋萍合影
14. 曾乃梁指导国外太极拳爱好者
15. 曾乃梁应邀到联合国总部做太极拳讲演

THE UNITED NATIONS
CHINESE LANGUAGE PROGRAMME

HEREBY PRESENTS THIS CERTIFICATE TO

Prof. ZENG Nailiang

GRAND MASTER OF TAIJI & HEALTH QIGONG
COACH OF INTERNATIONAL TAIJI CHAMPIONS

IN APPRECIATION OF HIS EXCELLENT PRESENTATION & DEMONSTRATION OF
TAI CHI & HEALTH
AT THE UNITED NATIONS ON TUESDAY, 3 APRIL, 2012

Dr. Yong Ho, Supervisor, UN Chinese Language Programme

UNITED NATIONS CHINESE LANGUAGE PROGRAMME

16. 卫香莲带领华武骨干习练“太极助眠功”
17. 曾乃梁爱徒王洁习练太极拳
18. 联合国有关组织为曾乃梁颁发的感谢状
19. 曾乃梁在联合国总部讲演的部分报道

20. 曾乃梁被聘为“国家体育总局武术研究院专家委员会专家”的聘书
21. 曾乃梁获得的部分证书、奖杯、奖牌
22. 曾乃梁在《中华武术》三十年颁奖盛典上获得的“最具武术影响力人物”奖杯

乃梁老师惠存：

杰出教练
武术功臣

第七任中国武术协会
主席
李杰

总序

吴彬

中国武术研究院专家委员会委员
国家级武术教练
享受国务院津贴专家
武术九段
国际武术联合会技术委员会原主任
亚洲武术联合会技术委员会主任
中国武术协会副主席
北京武术院院长

文化是民族的血脉，是人民的精神家园。中华文化独一无二的理念、智慧、气度、神韵，增添了中国人民内心深处的自信和自豪。中华武术是中华传统文化中的重要部分，是弘扬中华文明的重要渠道。说起武术，就不能不提河南，少林和太极，那是享誉全球！

党的十八大以来，以习近平同志为核心的党中央高度重视、关心体育工作，将全民健身上升为“健康中国战略”，推动了全民健身和全民健康深度融合。2017 年 8 月在天津举办的第十三届全运会即将开幕之际，习近平总书记在会见全国体育先进单位和先进个人代表等时强调，加快建设体育强国，就要坚持以人民为中心的思想，把人民作为发展体育事业的主体，把满足人民健身需求、促进人的全面发展作为体育工作的出发点和落脚点，落实全民健身国家战略，不断提高人民健康水平。

河南电子音像出版社出版的这套“武术中国”系列图书自立项以来，就以起点高、形式新等诸多优点，受到广泛关注，并于 2016 年入选“十三五”国家重点图书、音像、电子出版物出版规划，2019 年入选国家出版基金项目。

“武术中国”系列图书底蕴深厚、权威性高，又贴近读者，实操性强。它不仅仅挖掘、整理了我国优秀传统武术文化，而且着力突出武术这一传统文化在健身、提高全民素质上的重要意义，引导读者从健康、健身的视角看待和尝试中国传统武术。这套丛书的作者大多是我国武术界的著名老师，如朱天才、梁以全、曾乃梁等。这套丛书还首创了积木式教学、动作加呼吸的高阶健身方式，以及在传统武术中融入中国古典音乐、书法等元素符号，提高了读者阅读兴趣和出版物品位。所谓积木式教学，就是把教学单元分解为每一个动作对应一个视频，比如陈氏太极拳老架一路有 74 个动作，积木式教学就是把教学分解为 74 个教学单元，读者掌握单个动作后可自主进行套路学习。书中每个教学动作之后附有二维码，读者通过手机扫描二维码可随时在线观看视频。这种方式的教学降低了读者的学习门槛，提升了他们的学习兴趣。

希望这套丛书的出版，能使广大读者深入了解、喜爱我们的民族瑰宝，开启新时代健康精彩的人生！

吴彬

序

张山

中国武术九段
中国武术协会原副主席
首届国际武术联合会技术委员会主任
中国武术研究院专家委员会主任

曾乃梁教练和他的妻子卫香莲副教授新作《太极助眠功》一书即将出版，他们嘱我写个序，盛情难却，便欣然答应，只因我对他们比较了解。

曾教练师从武林泰斗、著名武术家张文广教授，是“文革”前全国三个武术研究生中的一位。曾教练1977年回福建组成福建省武术队，并亲任主教练，还担任过中国武术队的领队与主教练。在20年的教练生涯中，他培养出诸多的世界、亚洲及全国冠军，为国家赢得不少的荣誉。太极精英高佳敏、陈思坦、林秋萍，女子枪术精英魏丹彤，还有王慧玲、李强、彭荔丽、吴贤举，以及当今国家武术队教练组组长、福建省武管中心主任代林彬等，皆出自他的门下。曾教练曾被中国武术协会评为“十大武术教练”，被誉为“冠军之父”。这方面的成就大家都比较熟悉，而我所要说的是他在科学训练、培养英才的同时，一直不忘初心，不忘辛勤耕耘，著作颇丰。这在专业武术教练中可以说是屈指可数。

早在1975年第三届全运会上，乃梁教练就同我谈了关于加强武术基础理论建设的许多设想，我们还一起合作出版了《武术运动小知识》《武术基础练习》等书籍。后来他还参加了《中国大百科全书（体育卷）》及《中国武术大辞典》条目的编写，荣任《中国武术百科全书》的编委，还参与《太极拳竞赛规则》的修订工作，参与编写《太极剑竞赛套路》等。他的多篇论文还获得全国武术学术研讨会的大会优秀奖。退休后，乃梁教练同他的妻子卫香莲副教授合编《六手太极功》，现已有中文版、日文版和英文版在国内外广泛传播。此外，他还编著了《走进太极拳》，并与高徒陈思坦合著出版《新编太极拳对练》，同爱女曾卫红合著出版《太极拳入门三篇》《太极拳修炼精要》等书。他出版的著作、论文等已超过百万字。同时他还创编了华武太极扇、华武太极杆、华武双珠、华武剑及对练等功法套路，并制成DVD，受到海内外拳友的一致好评。乃梁教练的妻子卫香莲副教授总是默默无闻地辅佐在他的身旁，曾教练说过：“如果说我有一点成就的话，三分之二应该归功于默默奉献的妻子。”

更难能可贵的是乃梁教练孜孜追求、不断探索的精神。他说，作为同是国粹的太极拳与传统中医若能强强联手，必能迸发出熠熠生辉的光芒。曾教练这么说的，也是这么做的，近年来他创编的六手太极功、六六颈椎功、太极养心功、活力600秒、16式太极快拳以及太极助眠功，都是他不忘初心，不断探索太极拳与健身、养生和辅助治疗慢性病等方面关系的成果。

我有幸先拜读该书，也翻阅了一些资料，感到曾教练抓睡眠这个问题是颇有见地的。太极助眠功，顾名思义，就是以太极拳理为主来帮助睡眠的功法。大家知道，睡眠是非常重要的，占了我们人生大约三分之一的时间。古人云：“药补不如食补，食补不如睡补。”又说“睡眠是第一大补”，可见睡眠之重要。

有睡眠障碍，就会引起疲倦、头晕、头痛、免疫力下降，还易引发肠胃功能紊乱，诱发心脑血管疾病，更易导致细胞突变，增加患癌的风险。据不完全统计，全球约有三成的人都有睡眠障碍问题，而中国大陆约有3亿人有睡眠障碍，睡眠已经成为世界第五大社会医学问题。因此，每年的3月21日被定为“世界睡眠日”。

诚然，有睡眠障碍的原因是多方面的，比如工作压力过大、节奏过快，会引发诸多心理问题；也有不良的生活方式等问题，如睡前上网聊天、玩手机游戏、看强刺激影视剧等。不少人通过服安眠药解决睡眠问题，却带来许多副作用。而曾教练探索的太极助眠功法，是从民族体育形式，特别是从太极拳、健身气功中精选一些动作来帮助睡觉，没有任何副作用。中医讲求“正气存内，邪不可干”，该套功法能够打造一个良好的睡眠港湾，从而改善睡眠，提高睡眠的质量。乃梁教练曾在福建免费传授这套功法多年，并收到很好的效果。失眠者纷纷反映：“松静练功10分钟，一夜睡眠好轻松。”福建的《海峡都市报》以“太极教练开发助眠功”为题做了报道。我们期待更多的人能从太极助眠功中受益。

同为祖国优秀文化遗产的太极拳与中医相伴相生、相辅相成、相得益彰，在健身与防病等领域将不断彰显出它的优势和生命力，终将结出更丰更美的硕果来。

我有幸先睹此书，欣然命笔，聊以为序。

张山

前言

中国武术历史悠久，源远流长，少林功夫享誉全球，太极拳传遍天下。少林功夫、太极拳均发源于河南，形式多样、内容丰富、特点突出、风格独特，是中华文化的重要组成部分。它们因体系完整、技术精湛、社会用途广泛而享誉中外。

早期社会中的各类防守、攻击等形式，在中华文明发展过程中，逐步演化为少林、太极等强身健体的武术文化。随着中华文化在世界范围内的传播，武术文化逐渐走向世界。少林武术与太极拳在海外均有大批爱好者，其中有些爱好者不远万里来到中国，探访少林寺与陈家沟，拜师学艺，传播武术文化。

2020 年 12 月 17 日，联合国教科文组织保护非物质文化遗产政府间委员会会议宣布，将“太极拳”列入联合国教科文组织人类非物质文化遗产代表作名录。太极拳，正式成为世界非物质文化遗产的一分子，成为我国传统武术类非遗项目中唯一的人类非物质文化遗产，也是我国第 41 个列入联合国教科文组织非物质文化遗产名录的项目。

“大道之源，法式于地，取象于天。” 太极拳成功申遗，是太极文化乃至中国武术文化进一步走向世界的重要里程碑。太极拳蕴含和而不同的文化追求，淡化竞争、和睦相处的交往智慧，倡导互利共赢的价值观念，将在全球跨文化传播中发挥更加重要的作用。武术作为我国优秀传统文化，是文化自信的重要组成部分，也是中华文化“走出去”的重要内容。

河南电子音像出版社长期致力于武术文化的宣传和推广，出版过大量的武术精品，以百集“中国民间武术经典”为代表，其在国内外发行之后，深受广大武术界人士的欢迎和好评。此次“武术中国”系列出版工程，以中国博大精深的武术文化为核心内容，邀请诸多武术名家从少林武术和太极拳以及其他拳种的历史演变、风格特点、文化特点、养生健体功效、传世歌诀、套路概述、拳术套路、器械套路等方面详细阐述，以此普及传统套路，挖掘稀有套路。

“武术中国”系列于 2016 年入选“十三五”国家重点图书、音像、电子出版物出版规划，2019 年获得国家出版基金扶持。这套丛书的出版发行，将有力促进中原武术文化的发展和繁荣，对传播、推广、弘扬我们的国粹，传承中华民族的优秀武术文化，起到巨大的作用。

需要指出的是，本套书中详注的图片分解动作是针对入门者而言的基本动作，而视频演练者都是精熟于这些动作的武术行家，他们演练动作快速连贯、行云流水，从而有个别动作在幅度、速度等方面与书中静止的图片分解动作或存在些许出入。初练者在长期反复地练习后，也能做到熟能生巧、灵活运用。

本丛书在编写过程中，得到中国武术协会副主席吴彬先生的大力支持，主编李惠女士、郑跃峰先生为丛书编写也付出了巨大努力，我们表示衷心感谢！参与丛书编纂的各位作者、演练示范者、编辑、校对等，参与视频、图片摄制的各位同仁，对于大家的辛苦付出，在此一并致谢！

编者

目录

太极助眠功

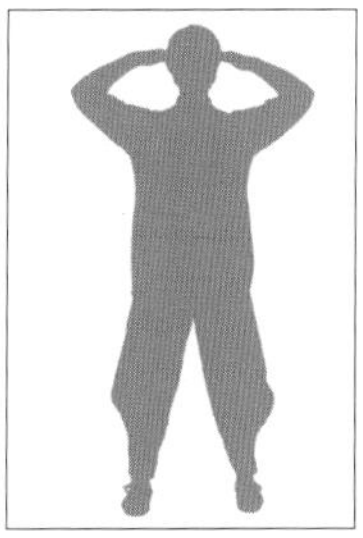

了解太极拳　太极拳运动的特点　太极拳与健身养生

总天地万物之理便是太极。

第一章 太极与健康

一、了解太极拳

1. 太极与太极拳

相传，“太极”一词最早出现在三千多年前周文王著的《周易》一书中。书中认为“太极”是一切变化的起点，是派生万物的本源。南宋理学家朱熹指出：“总天地万物之理便是太极。”这是从广义上理解太极的含义。

太极阴阳学说在我国哲学、兵学、伦理学、力学、美学、生理学、医学及养生学中都占有重要的地位，但用它命名一种拳法，则是三百多年前的事。

清朝乾隆年间，武术家王宗岳写了篇著名文章《太极拳论》，开篇就说道：“太极者，无极而生，动静之机，阴阳之母也。”从此“太极拳”这一名称才正式确定并被沿用下来。阴阳鱼表示太极，表示圆，表示宇宙无穷无尽。阴阳两者相互作用、相互制约、相互依存、相互转化，保持动态平衡。太极拳这一运动形式充分地表达和诠释了“太极”的深刻内涵。因此“太极拳”也称哲学拳，又叫先天拳。太极拳充满了哲学中的对立统一规律。习练太极拳，利用圆的运动变化，将武术四大技法隐藏其中并不断地练习，使人体各器官的功能得到完善发展。太极拳是用肢体语言体现唯物辩证法的一种至善至美的技巧、方法，是健身、养生和技击融为一体的拳法，是用人的肢体来展示和诠释“太极”这一哲学思想的最好载体。

太极拳是我国传统武术之一，也是非物质文化遗产，太极拳的健身功效也越来越得到人们的认可。习练太极拳，在一定意义上说就是练阴阳平衡。阴阳平衡了，人就健康，就有精神；若阴阳失衡，人就会患病、早衰，甚至死亡。所以说人体阴阳平衡是生命活力的根本。

2. 太极拳是科学的、终身的运动

太极拳是温和的有氧运动，是通畅经络的运动，符合唐代医学家孙思邈关于“体欲常劳，劳勿过极”的养生原则。太极拳的习练年龄可以从儿童到老年人，据目前统计，太极拳的习练年龄小的1岁零3个月，大的104岁，跨度超过了一个世纪，因此可以说太极拳是终身的运动。

从有了“太极拳”这个称谓至今不过数百年，但它的根已深深地植入中华五千年文化土壤之中，它从诞生之日起，就显示出作为东方文化瑰宝的神奇魅力。它不仅具有优美的身姿和迷人的神韵，而且更蕴含着深刻的东方哲学思想。太极拳不仅符合“动中寓静，天人合一”的东方健身哲理，而且也与西方运动医学的最新理念完美契合。美国华盛顿大学研究报告指出：“有益于健康的运动是灵活、轻松、强度小、耗能低、持续久的运动。”太极拳正是符合这一理念的科学运动。

随着时代的发展和科学的进步，人类的劳动由重体力型劳动向重脑力型劳动方式转变，高科技、高竞争带来高精神压力，易引发现代文明病，直接威胁人们的健康。而太极拳这种温和、缓慢、圆活、连贯的运动，这种似行云流水、春蚕吐丝的动静相兼的养生休闲运动，是对快节奏工作很好的调节。人们适当地慢练太极拳，提倡“三慢”——慢餐饮、慢生活、慢运动，能有效地调节生活节奏。养生专家杨力教授说“快人不长命，慢活好养生”，很有道理。近

曾乃梁老师演练
“搂膝拗步”
（摄影：祁如璋）

年来，屡屡发生的优秀人才英年早逝的痛心事件，多和工作生活节奏过快、身心过劳有关。正确的做法应该是“文武之道，一张一弛”。

美国国家健康研究所曾发表文章赞扬“太极拳完美无缺”，美国科学家表示，太极拳“几乎没有缺点，没有任何副作用，大范围推广有益无害”。现在，太极拳运动已成为许多国家孔子学院的教学内容，海内外越来越多的朋友都迷恋上太极拳，太极拳运动已经为五大洲的朋友所接受而风靡全世界。

二、太极拳运动的特点

太极拳运动柔和缓慢、圆活连贯、自然轻灵、意动势随，运动起来如行云流水、春蚕吐丝，能够把柔美的形体、和顺的劲道、深长的呼吸及独到的韵味和谐地融为一体，如诗如画，美不胜收。

太极拳运动包括功法、套路、推手对练和集体演练等多种形式，还创新了双人演练的新形式，在长期的推广过程中，逐步形成了杨式、陈式、吴式、孙式、武

曾乃梁爱徒、中国武术七段朱景华演练太极剑

曾乃梁爱徒、世界男子太极拳冠军陈思坦演练“退步跨虎”

式以及新式（或称综合式，主要指中华人民共和国成立后创编的各种套路）这六大流派。尤其是改革开放以来，各个流派都在继承传统的基础上，根据普及与提高的需要，不断地加以改造与创新，表现出鲜活的生命力，正如有位名家所说：“传统的原生态作品与时代的改良品，都是有生命力的。”

虽然各个流派在拳架形态、运动风格、劲力节奏等方面存在一定的差异，但在基本特点上仍有许多共性的东西。其主要特点有以下几方面。

1. 松静自然，意动身随

“松”和“静”是练好太极拳的两大要素。从一开始习练桩功等基本功起，就要注意节节放松、自然而然。同时可以把冥想练习运用其中，在松静之中，体会意念的引导作用，以意导动，意动身随，再逐步探求内外合一、形神合一。

曾乃梁爱徒、福建省社会武术高级教练江云带领美国华人拳友习武

2. 中正安舒，相反相成

太极拳运动舒展大方、立身中正、支撑八方，除吴式流派有斜中寓正的运动形式外，多数流派均要求不偏不倚、中正安舒。这也是“养我浩然之正气”精神在拳架形态上的体现。还有就是拳势中通常要求“前去之力，必有后撑”，形成上下、左右、前后的一种对拉抻拔的状态，形成饱满圆撑的气势。

3. 一动俱动，周身圆活

《太极拳论》曰：“一动无有不动，一静无有不静。”这就要求一动“周身俱动，一动百动，一定百定”。同时要节节贯穿，在用劲时要内走螺旋、外走弧形，在弧形的运行中，上下相随、圆润连贯、周身圆活，体现太极处处均是圆的特点。

4. 腰为主宰，逆向运行

腰是人体的一大枢纽。太极拳拳论中讲：“命意源头在腰隙。”

要求“主宰于腰”，上下肢动作靠腰来带动。所以，练套路时除注重腰部运转外，还要在准备活动和基本功练习时专门进行腰部的折叠、运转，使之灵活协调。太极拳动作有不少符合逆向运行的法则，如欲左先右、欲前先后、欲上先下等，这些都需要在腰的带动下手、眼、身、步协调配合。

5. 轻灵沉稳，引进落空

练太极拳时，要求“迈步如猫行，运劲如抽丝”。这个比喻很贴切。“猫行”的特点是一轻二灵三稳健，而“抽丝”的特点则是一轻二匀三柔细。打拳时要有韧劲，做到柔而不软、松而不懈、刚而不僵、刚藏于柔之中。太极拳的推手和对练，能增强见力化力、见力借力和见力打力的技能，引进落空，后发制人，粘连黏随，以柔克刚。推手、拆手及对练的习练过程，妙趣横生，可以提高防身的本领。

曾乃梁指导爱徒、中国武术七段朱碧云演练“华武太极杆”

三、太极拳与健身养生

太极拳古典拳论《十三势行功歌诀》道："详推用意终何在，益寿延年不老春。"这句话应该是武林前辈对太极拳作用与功效最好的诠释。追求健康长寿应该是我们习练太极拳的根本目的。从这个意义上说，太极拳是最能提升生命质量的运动。

太极拳运动之所以为各国人民所接受而风靡全世界，不仅仅是因为太极拳的技击作用，更重要的是它还能辅助治疗慢性病，具有极高的健身养生价值，同时还能提高人们对生活的满意度。要把太极拳习练看作与吃饭、睡眠、工作一样，成为生活中不可或缺的重要组成部分，成为自己的生活习惯。

1. 太极拳属于低强度的有氧运动，符合养生原则，有利于健康长寿

太极拳要求松、柔、圆、缓，属于低强度的有氧运动。这种"动"

卫香莲老师在海边演练"六手太极功"

曾乃梁爱徒、浙江临海县太极拳教练张国英演练“独立打虎”

是符合人们养生需要的。近代科学家分析，剧烈运动易造成无氧代谢，有损心脏，并使大脑、肝、肾、胃、肠等器官常处于缺氧状态，无益于健康。而太极拳的运动动作似行云流水、春蚕吐丝，这种低强度的运动，能很好地促进经络循环，有利于健康长寿。因此，太极拳运动特别适合中老年人、脑力劳动者和体弱者练习。太极拳中有很多旋腕、转膀的动作，在腰部主宰作用下旋转臂部，加强了对手三阴经和手三阳经的刺激，起到畅通气血，改善三焦脏腑的作用。太极拳的习练是通过腹腔压力的改变使胸廓容积增大，胸腔负压增高，从而使上、下静脉压力下降，血液回流加速。由于腹腔压力的规律性增减，腹内脏器活动加强，可以改善消化道的血液循环，促进消化道的消化吸收功能，防止便秘。

2. 太极拳讲究调心、调息，对心脑血管及五脏六腑有很好的调养作用

现在我们正向高科技的信息时代迈进，人们的工作、生活节奏加快，容易精神紧张，运动缺乏，影响身心健康。而太极拳强调“心

曾乃梁爱徒、中国武术六段蒋继林演练太极拳

静”“用意”，对大脑皮层活动有良好的促进作用。“心静”“用意”，加强了大脑的调节作用，使气血通畅，保证脑组织的供血和大脑的健康，从而对整个神经系统和其他器官的机能都有积极的影响。难怪有人把太极拳比喻为“大脑皮层的体操”。太极拳还十分注重以意导气、以气运身，而且要气沉丹田、呼吸加深，做到深长匀细，并与动作有机配合。这种以腹式呼吸为主的呼吸，提高了肺部的换气效率，使肺泡通气量增大，也加强了心肌的营养，改善了血液循环。通过膈上下的鼓动起落，对五脏六腑起到很好的“按摩”作用。这种肌肉运动所起的按摩作用，促进了全身骨骼肌周期性收缩和舒张，加强了血液循环。特别是冠状动脉反射性扩张增强，心肌毛细血管开放增多，能够对心脏及心血管系统起到很好的保护作用。

法国名医卡萨尼斯说过“人与动脉同寿”。正是由于太极拳能很好地保持动脉血管的弹性，促进血流的畅通，所以有人形容太极拳是“动脉血管的保护神”。

3. 太极拳能防止骨质疏松，提高平衡能力

老年人常见的意外事故之一是失去平衡摔倒而导致骨折，为什么会有这个结果呢？这是因为老年人的骨骼钙质减少，骨质疏松。

太极拳运动中，有一部分动作是专门练习平衡的，使习练者的平衡能力得到充分的锻炼。太极拳运动能有效地增强骨骼的新陈代谢，改善经络循环。习练太极拳时，常常一条腿支撑了全身的重量，腿部受力增加，有效地增强了下肢的力量和控制力。所以经常习练太极拳的人不容易摔跤和骨折。

4. 太极拳对慢性疾病有很好的辅助医疗作用

习练太极拳的基本要求很多，但是有一条最重要的，就是贯穿始终的“松”。在练拳中强调放松、思想集中，可消除精神紧张，缓解工作和生活压力，让大脑达到高度的安静和松弛，有助于防止中枢神经系统疾病；可改善睡眠，调节血压；可放松肌肉，松开筋骨，使关节腔隙变大，防止骨关节疾病发生；可利用放松后细、匀、深、长的腹式呼吸，使内脏得到按摩；可使经络通畅、代谢加快，有助于改善

曾乃梁爱女、中国武术和健身气功双七段曾卫红演练“太极双珠”

曾乃梁指导爱徒、浙江云和县太极拳领军人何望东演练“华武太极扇”

微循环，防止心脑血管疾病的发生。前面已经讲过，太极运动以意导气、以气运身，对人体健康有良好影响，因为它符合中医学“意到则气到，气到则血行，血行则病不生”的观点。同济大学的张昌律老师对 81 例习练杨式太极拳并结合药物治疗心脏病的患者疗效做了观察，通过两个月的练拳，有 78% 的心脏病合并其他病患者的症状均有不同程度的改善，对患者的精神、体力、睡眠、食欲有很大帮助。

5. 太极拳修身养性，使精神乐观，促进心理健康

习练太极拳，一是要排除杂念，专心练拳，做到意守、气敛、神舒；二是要有良好的审美能力，追求内外合一、形神合一和天人合一的最佳境界 ；三是要包容、宽容，乐观开朗，心境平和。练

拳时可以配上音乐，优美、悦耳的乐曲与自然和谐的太极拳动作相映成趣，充满着柔情诗意，给人以美的享受，有助于产生快乐自信的心境，使患者脱离病理观念，从而对“心因性”疾病起到心理疏导与辅助治疗的作用。

我国著名医学专家钟南山院士曾指出：“心理健康是健康的一半，心理疾病是疾病的一半。”太极拳在修身养性、促进心理健康方面的作用与功效，随着时间的推移，会更加显现出来。在未来的信息社会里，越发需要“高技术与高情感相平衡”，能够产生平静、安宁、和谐情感的太极拳正是实现这种平衡的绝妙的运动。

6. 太极拳具有健美作用

太极拳的虚领顶劲、沉肩坠肘、含胸拔背、松腰开胯、收腹敛臀等身法要求，加上习练时的腰部旋转，使习练者的全身肌肉得到充分锻炼，体型保持良好。中医研究表明，练太极拳，能加强肾的藏精、保精功能，调节内分泌系统，改善血液循环。同时，练拳还能增强身体的柔韧性和协调性，使皮肤更富有弹性和光泽，从而起到美容作用，达到健美的目的。

- 人为什么要睡觉
- 深睡眠提高睡眠质量
- 失眠的原因及对身体的不良影响
- 习练太极拳能有效地改善睡眠

太极拳是通过调身、调心、调息达到阴阳和谐的太极状态，常处“太极态”能有效提高睡眠质量。

第二章 睡眠与太极拳

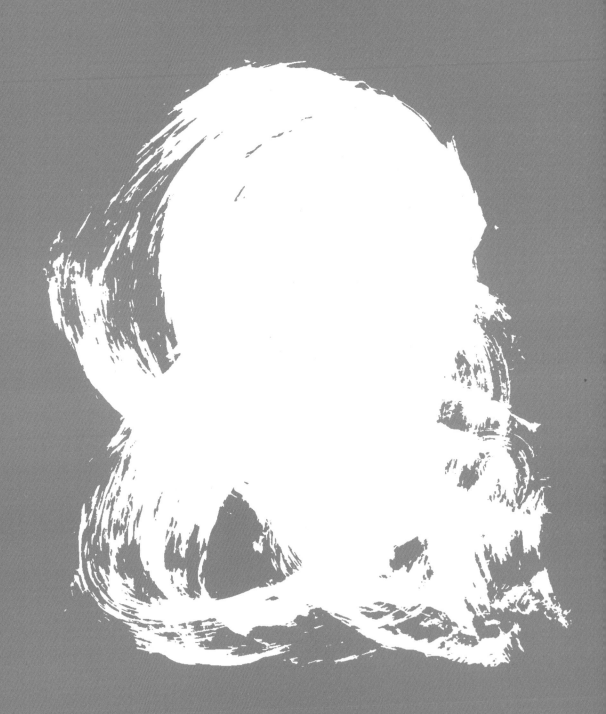

一、人为什么要睡觉

人生有三分之一时间是在睡眠中度过的。古人云："眠食二者为养生之要务。"这就是说，睡眠和饮食一样重要，都是人类生存所必需的。民间就有"食为根，睡为本""药补不如食补，食补不如睡补""千金难得买酣睡""睡眠为第一大补"等说法。

睡眠可以保护大脑，消除疲劳，恢复体力。睡眠能促进大脑神经系统的发育，还能增强人体修复、抗病能力及病后的康复能力。成年人的各种组织细胞在睡眠中能得以修复，尤其是面部皮肤，所

曾乃梁指导爱徒张标银演练"单鞭"

曾乃梁爱徒、中国武术七段王群英（左）练习太极对剑

以有“好睡养颜”的说法。睡得好，免疫力增强，抵抗疾病的能力就强；反过来，常失眠，许多疾病就会乘虚而入。对青少年来说，好睡眠还可促进身体的生长发育。因为睡眠时脑垂体会分泌多种激素，特别是生长激素。我们会发现，孩童睡得好，身体发育就好，长得高。

高质量的睡眠，能让我们第二天完全消除身心疲劳，感到心情愉悦，白天精神饱满，工作效率高。寿命超过百岁的著名爱国将领张学良将军在被问及长寿秘诀时回答道：“没有特殊的养生之道，只是我能睡会睡罢了。”

反过来，经常失眠，就会白天感到疲倦，神经系统出问题，如头痛、头晕，长此以往，导致免疫力下降，诱发或加重许多疾病，特别是心脑血管疾病。芝加哥大学研究发现，与每晚睡 7.5 ~ 8.5 小时的人相比，每晚只睡 4 小时的人，体内抵御流感的抗体减少 50%。据不完全统计，全世界有失眠经历者占总人口的近 30%，而中国大陆失眠者已有上亿人。65 岁以上老人失眠患者是年轻人的 5 ~ 6 倍。通常一个人只喝水不进食可以存活 7 天，而不睡眠只能存活 4 天。所以睡眠养生也是养生学中的重要课题。每年的 3 月 21 日被定为“世界睡眠日”，睡眠已成为世界第五大社会医学问题。

二、深睡眠提高睡眠质量

这里有个概念问题，就是什么叫“深睡眠”。“深睡眠”也称“脑睡眠”，就是在深度睡眠期，大脑皮质细胞完全处于休息状态，意识消失，人体的各种生命活动维持在最低的基础水平，真正起到了充分保养和修复大脑皮质细胞的作用。

有研究表明，深睡眠期间免疫物质分泌增多，人体的免疫力增强，所以充足的深睡眠能帮助人体增强防病抗病及康复能力。

一个人不管在白天和夜晚的什么时间开始睡觉，几乎总是在睡眠的前半段出现深睡眠并集中完成睡眠量。

曾乃梁指导爱徒邱亦香和潘淑琴夫妇习武

曾乃梁爱徒、“中华武术大学堂名家讲堂”助教朱琳参加太极剑比赛

深睡眠能够提高睡眠的质量，深睡眠时间越长，睡眠质量就越好，相对寿命也就越长。有研究表明，女性平均每晚的深睡眠时间要比男性多三分之一左右，这可能是女性比男性更长寿的原因之一。

我们还要提一点，即做梦是正常睡眠的组成部分。我们每个人在睡眠中都会做梦，只是多数人醒来时都记不清自己所做的梦。少量的梦有助于调节大脑细胞活动能力，完善脑细胞的功能，可以促进睡眠和提高睡眠的质量。所以认为做梦一定会影响睡眠质量是一种误区。

三、失眠的原因及对身体的不良影响

依据世界卫生组织（WHO）的标准，若下述一项或几项同时存在时，即可判为失眠。

（1）连续一个月每周至少有 3 天出现上床 30 分钟后仍无法入眠。

（2）每天睡眠时间不足 6.5 小时。

（3）在睡眠过程中，醒来次数超过 3 次，难以再入睡。

（4）多梦，噩梦的情节如同电视连续剧一样。

（5）次日起床后伴有嗜睡、疲劳、精神状态不佳、认知能力下降等。

1. 失眠的原因

引起失眠的原因很多，大致有以下几种。

“中华武术大学堂名家讲堂”主讲教练曾卫红老师指导日本拳友冈本真由美演练“华武太极扇”

曾乃梁爱徒、福建省社会武术高级教练杨伯华演练太极剑

（1）精神心理因素的影响。

年轻人由于工作压力过大，常处于紧张状态。据有关数据，近一半职场人存在“压力型失眠”。焦虑、压力大等压力型失眠在我国约占 38.2%。而老年人退休以后的精神状态和在岗时会有差别，尤其是从领导岗位上退下来的老同志，常常容易出现抑郁状态。

（2）随着年龄增长，人的睡眠功能会减弱。

人的睡眠质量与大脑中一种叫松果体物质的昼夜节律密切相关。晚上光刺激减弱，松果体合成褪黑素的酶类活性增强，在凌晨 2 ~ 3 时达到高峰，人体进入深度睡眠状态。随着年龄的增长，松果体萎缩钙化，造成生物钟的节律性减弱或消失，特别是 35 岁以后，自身分泌的松果体素平均每 10 年降低 10% ~ 15%，导致睡眠紊乱以及一系列功能失调。

（3）脑部器质性疾病的影响。

老年人脑动脉血管渐渐出现硬化，而且硬化的程度会逐年加重。出现脑动脉硬化以后，脑部的血流量会相对减少，从而引起脑代谢失调，继而出现失眠症状。

（4）夜间尿频的影响。

中医认为，人的肾气亏虚，肾气不足，膀胱气化无力，夜间小便次数增多，也会影响人的睡眠。

2. 失眠对身体的不良影响

睡眠是仅次于健康饮食和体育锻炼的一项直接影响人健康和长寿的因素。如果长期失眠，会导致人体内分泌失调，生物钟发生紊乱，使人体出现加速衰老的现象。男人长期失眠会出现精神疲惫、

曾乃梁指导爱徒、福建省社会武术准高级教练郑成伟演练“斜飞式”

曾乃梁指导爱徒、“中华武术大学堂名家讲堂”助理教练王东风演练太极拳

肾虚、体弱，性功能严重下降；女人长期失眠会导致更年期提早到来，皮肤灰暗，色斑、皱纹增多，身体功能特别是卵巢功能衰退显著。

失眠对身体的不良影响，主要表现在以下几个方面。

（1）失眠影响人们大脑的思维和判断力。

失眠者头昏脑涨，精力不足，从而导致工作效率低，影响工作、学习和生活。失眠使人变得焦虑、抑郁，甚至引起植物神经紊乱，严重者还会出现神经官能症。

（2）失眠容易导致器质性的疾病。

生长素的分泌主要在晚上睡着后，因此少年儿童的失眠会减少生长素的分泌，不利于生长发育。失眠还会导致人体免疫力下降，对各种疾病的抵抗力减弱。

（3）失眠容易造成猝死。

据我国卫生组织统计，近年来我国因长时间疲劳、睡眠不足、失眠等因素所引发突发性死亡的人数在快速地增长。睡眠不足会引起血液中胆固醇含量增高，使得发生心脏病的概率增加；睡眠不足或睡眠紊乱会影响细胞的正常分裂，由此有可能产生癌细胞的突变而导致癌症的发生。

（4）长期的睡眠不足，会使神经内分泌系统的应激调控系统被激活，并逐渐衰竭而发生调节紊乱。

当神经内分泌系统调节紊乱时，人体的各类代谢产物不能及时排出体外,导致免疫功能明显降低,易患感冒,对健康产生不良影响。美国研究人员在《睡眠》上发表的研究成果也证明：每天睡眠不足6小时的人，其患感冒的风险比睡眠7小时以上的人高出4倍多。

（5）失眠会损害消化功能。

香港大学医学院有研究发现，长期睡眠不足，会降低胃部血液

曾乃梁爱徒、东北华武总教练马俊恩为俄罗斯武术团队赠送墨宝

流量，削减胃的自保能力，大大增加胃溃疡概率，并会刺激胃癌基因生长。

所以失眠不是一件小事，要引起高度重视并及早治疗调理。

四、习练太极拳能有效地改善睡眠

美国媒体有关报道指出，常练太极拳，老人睡得香。美国研究人员就太极拳对睡眠质量的影响进行过试验性研究。参加试验的60岁以上老人都曾有过睡眠障碍问题，并且至少有3个月没有参加过体能锻炼。专家把老人们分为两组，一组从事太极拳锻炼，另一组从事低运动量的其他健身项目，时间都是24周，每周3次，每次1小时。试验结果根据“匹兹堡睡眠质量指数”（根据患者体能表现和生活质量等状况进行睡眠质量评估的国际通行标准），以及老人对睡眠质量的自我评价做出。结果显示，参加太极拳训练的老人，睡眠质量大大提高，白天不容易犯困。而采用低强度其他项目锻炼的老人，改善睡眠的状况则没有那么好。专家分析认为，太极拳能调节人体生理节奏，并通过肢体放松和腹式呼吸提高人的健康水平。而这几点恰恰是改善老人睡眠很重要的条件。中医认为，练太极拳，能加强肾的藏精、保精功能，并能调节内分泌系统。通过习练太极拳，不仅能改善阳痿、遗精、腰腿酸软的症状，也能改善体虚肾亏引起的失眠症状，提高睡眠质量。

有很多失眠患者反映，常打太极拳，不仅感觉身体健康了，睡眠质量也不知不觉提高了。之所以出现这样的结果，专家分析，习练太极拳时，人的外表、肢体虽然在动，但其能通过意识诱导使大脑进入静态，即外物刺激对感官无作用，虽动犹静。习练过程中，肢体、躯干的运动和内脏系统的内动都需要大脑在高度集中下支配，这不仅间接地对中枢神经系统起到良好的调节作用，还加强了大脑皮质的调节功能。在这一系列强化过程之后，人的神经功能得到改善，失眠多梦等症状自然得到缓解。

另外，《黄帝内经》中称：“精神内守，病安从来。”太极拳运动是一种动静合一、身心合一、天人合一的运动。其动作连贯、圆活，周身节节贯穿，加之需要习练者有规律地均匀运气，全身肌肉、关节得到充分活动的同时，各内脏系统及组织通过氧气与二氧化碳的有效交换，吸取了充足的营养物质，起到了良好的保健作用。习练时，体内弥漫着温馨、安宁和愉悦，使人体神经与肢体完全放松下来，百虑俱消，进入物我两忘的境界。

总而言之，太极拳是通过调身、调心、调息，达到阴阳和谐的太极状态，这种状态非常适合睡眠的要求，常处“太极态”就能有效地提高睡眠质量。

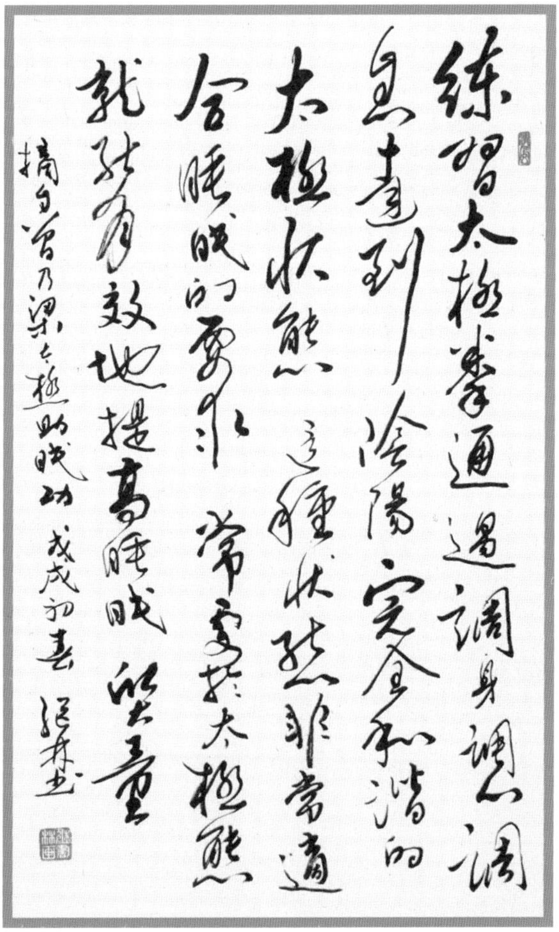

曾乃梁入室弟子蒋继林题字

练意、练气、练形。

第三章

太极助眠功

既然睡眠对人体的健康和寿命这么重要，那么就要研究如何才能睡得更好，如何通过意念、练功和按摩这些非药物的措施来保证充足的睡眠，提高睡眠的质量。

太极助眠功根据太极的原理创编而成。总体要求：练意、练气、练形。

【说明】

图上的线条是表明从这一动作到下一动作经过的路线和部位。其中，右手、右脚均以实线（—）来表明，而左手、左脚均以虚线（---）来表明。

一、凝神冥想

站浑元桩

图 1

图 2

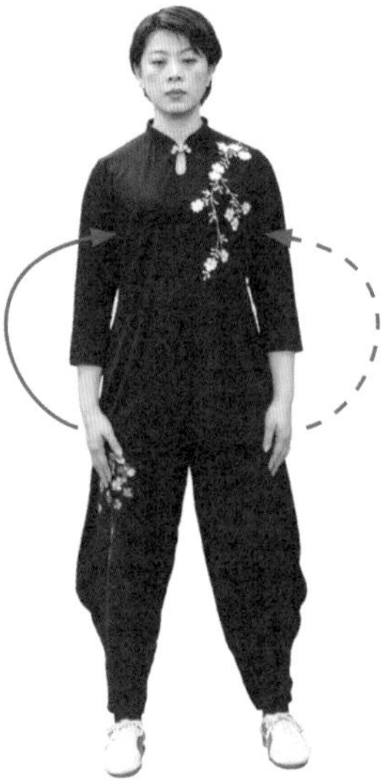

图 3

图 4

图 1

两腿并立，凝神静气，万念俱消，万虑皆抛。

图 2

左脚开立，两膝微屈，全身放松，凝神冥想。

图 3

两臂捧圆，指尖相对，命门后凸，气沉丹田。

图 4

两臂按落，贴于腿侧。

图5

左脚收回，并步站立，凝神静气，目视前下。

要领

可以想象从头到脚一节一节地放松；也可以想象一股细细的暖流从头流到脚；还可以想象站在高山之巅，面对着皓洁的明月，融入大自然之中，汲取着日月精华，尽收着天地之灵气，一切围绕“安”字，凝神静气。

二、松柔功法

1. 随波荡漾

图 6

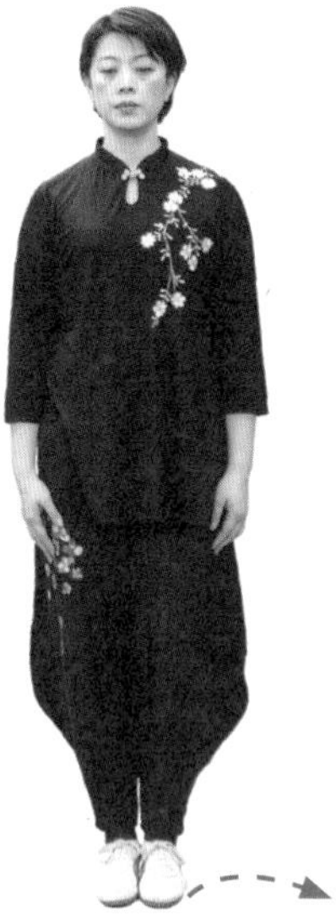

图 7

图 8

图6
两腿并立，目视前下，排除杂念，自然放松。

图7
左脚开立，与肩同宽，两脚平行，脚尖向前。

图8
两膝微屈，身体前倾。

图9

两臂侧提，身体后仰，胸腹舒松，前后摇晃。

图10

两臂前按，沉肩坠肘。

图7至图10为一组，重复五遍，共做六组。

图11

两臂按落，贴于腿侧。

图9

图10

图11

图 12

图 12

左脚收回，并步站立，凝神静气，目视前下。

要领

意想站在船头，自由自在地随波荡漾，无拘无束，形神相依，呼吸自然。

2. 拨云观日

图13

两腿并立，目视前下，排除杂念，自然放松。

图14

重心右移，左脚开立，右臂内旋，掌心朝下，左臂外旋，掌心朝后，目随右掌，腰略右转。

图13

图14

图15

重心左移，腰向左转，带动双臂，左上右下，『云』至体前，目随上手。

图16

继续左转，拧腰坐胯，左臂内旋，掌心朝前，右臂外旋，掌心斜下。

图15

图16

图 17

图 18

图 19

图 20

图 17

两臂交换，右上左下，右臂外旋，掌心朝后，左臂内旋，掌心朝下，目随右掌，腰略右转。

图 18

重心右移，腰向右转，带动双臂，右上左下，『云』至体前，目随上手。

图 19

继续右转，拧腰坐胯，右臂内旋，掌心朝前，左臂外旋，掌心朝后。

图 14 至图 19 为一组，重复两遍，共做三组。

图 20

以腰为轴，上体左转，举至体前，掌心朝下。

图21

两臂按落，贴于腿侧。

图22

左脚收回，并步站立，凝神静气，目视前下。

图21　图22

要领

身体转动要以腰为轴，松腰、松胯，两臂随腰的转动而运转，幅度加大，可转至侧后方，但要自然圆活，速度均匀，“云”手柔和。

3. 鸳鸯戏水

图 23

图 24

图 25

图 26

图 23
两腿并立，目视前下，排除杂念，自然放松。

图 24
左脚开立，略比肩宽，两脚平行，脚尖向前，胸腹舒松，心神宁静。

图 25
重心偏右，腰略右转，左臂侧举，掌心朝下。

图 26
重心右移，腰部右转，左臂画弧，随之右摆，由外向内，平行抹掌。

图27

左右轮换，腰略左转，右臂侧举，掌心朝下，左臂内旋，目随上手。

图28

重心左移，腰部左转，两臂画弧，随之左摆，由外向内，平行抹掌。

图29

左臂侧摆，掌心朝下，右臂画弧，随之左摆，由外向内，平行抹掌。

图27

图28

图29

图 30

图 31

图 32

图 30

左右轮换，腰略右转，左臂侧举，掌心朝下，右臂内旋，目随上手。

图 25 至图 30 为一组，重复两遍，共做三组。

图 31

以腰为轴，上体右转，举至体前，掌心朝下。

图 32

两臂按落，贴于腿侧。

图33

左脚收回，并步站立，凝神静气，目视前下。

要领

左右运转不超过180°，其他要点与“拨云观日”相同，唯两臂运转方向相反（“拨云观日”由内向外云转，“鸳鸯戏水”由外向内抹掌）。

4. 推波助澜

图 34

图 35

图 34

两腿并立，目视前下，排除杂念，自然放松。

图 35

左脚开立，略比肩宽，两脚平行，脚尖朝前，胸腹舒松，心神宁静。

图 36

图 37

图 36

以腰为轴，身体左转，左臂内旋，随之侧举，掌心朝下，右臂外旋，举至体前，掌心朝左。

图 37

腰略右转，重心偏右，左手外旋，掌心朝前，右手内旋，掌心朝左。

图 38

左手上托，掌心朝上，右臂上举，掤至耳侧，掌心朝后，劲贯手背。

图 39

以腰为轴，向右转体，两臂屈肘，掌心朝上。

图 38

图 39

图 40

左臂向左，右臂向右，腰略左转，目视右下。

图 41

以腰为轴，上体左转，重心右移，两臂打开。

图 40

图 41

图 42

图 43

图 44

图 45

图 42

两臂屈肘，屈至耳侧，宽胸实腹，目视左下。

图 43

重心左移，双掌下按，按于体前，虎口相对。

图 44

身体右转，右臂内旋，左臂外旋，举至体前。

图 45

腰略左转，重心偏左，左手内旋，掌心朝后，右手外旋，掌心朝前。

图 46

右手上托，掌心朝上，左臂上举，掤至耳侧，掌心朝后，劲贯手背。

图 47

以腰为轴，向左转体，两臂屈肘，掌心朝上。

图 48

左臂向左，右臂向右，腰略右转，目视左下。

图 49

以腰为轴，上体右转，重心左移，两臂打开。

图 46

图 47

图 48

图 49

图 50

图 51

图 52

图 53

图 50

两臂屈肘，屈至耳侧，宽胸实腹，目视右下。

图 51

重心右移，双掌下按，按于胯旁，虎口相对。

图 36 至图 51 为一组，重复两遍，共做三组。

图 52

以腰为轴，上体左转，举至体前，掌心朝下。

图 53

两臂按落，贴于腿侧。

图 54

左脚收回，并步站立，凝神静气，目视前下。

要领

左、右手腕外旋再从肩上向两侧下按，处处体现“内走螺旋、外走圆弧”的运行法则，处处体现以腰为轴带动四肢的要求。

5. 林中穿梭

图 55

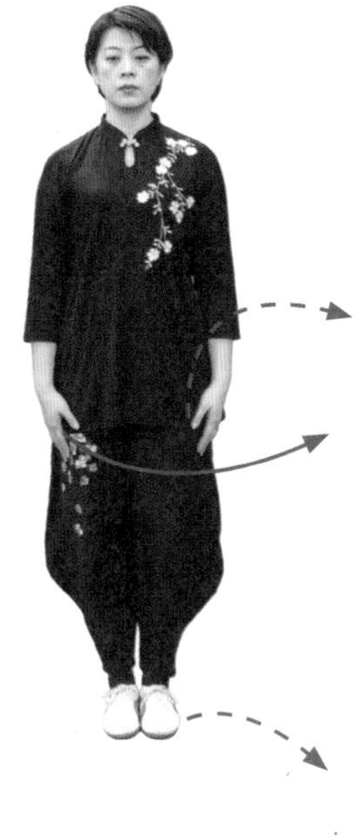

图 56

图 55

两腿并立，目视前下，排除杂念，自然放松。

图 56

重心右移，左脚斜出，左臂上举，掌心斜下，右臂外旋，掌心斜上。

图 57

图 58

图 57

重心后移，两手下捋。

图 58

左手外旋，右手内旋，斜上伸出，重心前移。

图 57、图 58 为一组，重复四遍，共做五组。

图 59

重心后移，两臂相交，转腰抹掌，目随上手。

图 60

左脚退步，重心前移，右手抹掌，两掌斜伸。

图 61

重心后移，两手下捋。

图59

图60

图61

图 62

图62

右手外旋，左手内旋，斜上伸出，重心前移。

图61、图62为一组，重复四遍，共做五组。

图 63

图 64

图63

重心左移，右脚碾转，两臂前举，掌心朝下。

图64

右脚后撤，双手下按。

图 65　图 66

图65
两臂按落，贴于腿侧。

图66
左脚收回，并步站立，凝神静气，目视前下。

要领

两掌心斜相对，先下捋，同时重心后移；再前伸，同时重心前移，意想如鸟儿在林中穿梭。下捋时配合吸气，前伸时配合呼气，均匀自然。

6. 云燕归巢

（云燕归巢、收功）

图 67

图 67

两腿并立，目视前下，排除杂念，自然放松。

图 68

图 69

图 68

左脚向左，斜向迈步，两臂张开，收于胯侧。

图 69

左脚踩实，重心前移，以肘为轴，双臂画圆。

图 70

重心前移，双臂画圆，掌心朝下，似燕归巢。

图 71

双臂画圆，掌心斜对。

图 72

重心后移，两臂下落，继续画圆，掌心斜对。

图 68 至图 72 为一组，重复三遍，共做四组。

图 73

重心前移，以肘为轴，继续画圆，掌心斜后。

图 70

图 71

图 72

图 73

图 74

图 74
以肘为轴，双臂画圆。

图 75

图 76

图 75
双臂画圆，掌心朝下。

图 76
重心前移，双臂画圆，掌心斜对，掌心朝下，似燕归巢。

图 77

左脚后撤，身体右转，右脚向右，斜向迈步，两臂下落，收手胯侧。

图 78

右脚踩实，重心前移，以肘为轴，双臂画圆。

图 79

重心前移，双臂画圆，掌心朝下，似燕归巢。

图 77

图 78

图 79

图 80

图 81

图 82

图 83

图 80

双臂画圆，掌心斜对。

图 81

重心后移，两臂下落，继续画圆，掌心斜对。

图 77 至图 81 为一组，重复三遍，共做四组。

图 82

重心前移，以肘为轴，继续画圆，掌心斜后。

图 83

以肘为轴，双臂画圆。

图 84

双臂画圆，掌心朝下。

图 85

重心左移，右脚碾转，两臂前举，掌心朝下。

图 86

右脚后撤，两腿微屈。

图 84

图 85

图 86

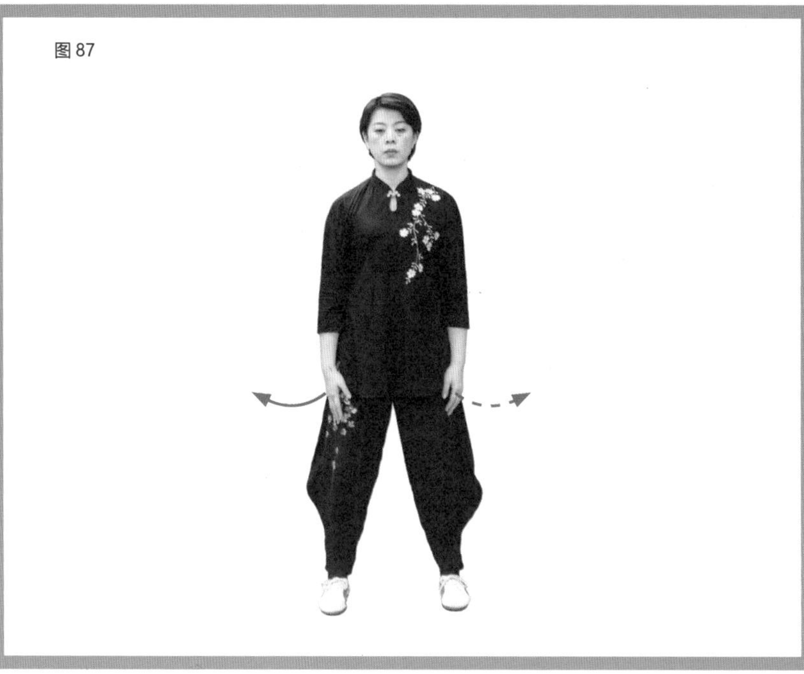

图 87

两腿伸直，两臂按落，贴于腿侧，目视前下。

要领

两臂以肘关节为轴，带动小臂做绕环，模拟燕子展翅飞回巢穴。手、眼、身、步需上下相随，协调一致。动作宜柔和缓慢，每绕环画圆一次，做一次深呼吸。

7. 收功：大气归元

图88

两臂外旋，同时侧举，掌心朝前，目视前下。

图89

两臂上举，掌心朝内。

图88

图89

图90

掌心朝下，指尖相对，从上往下，双手下按。

图91

掌按腹前，指尖相对。

图90

图91

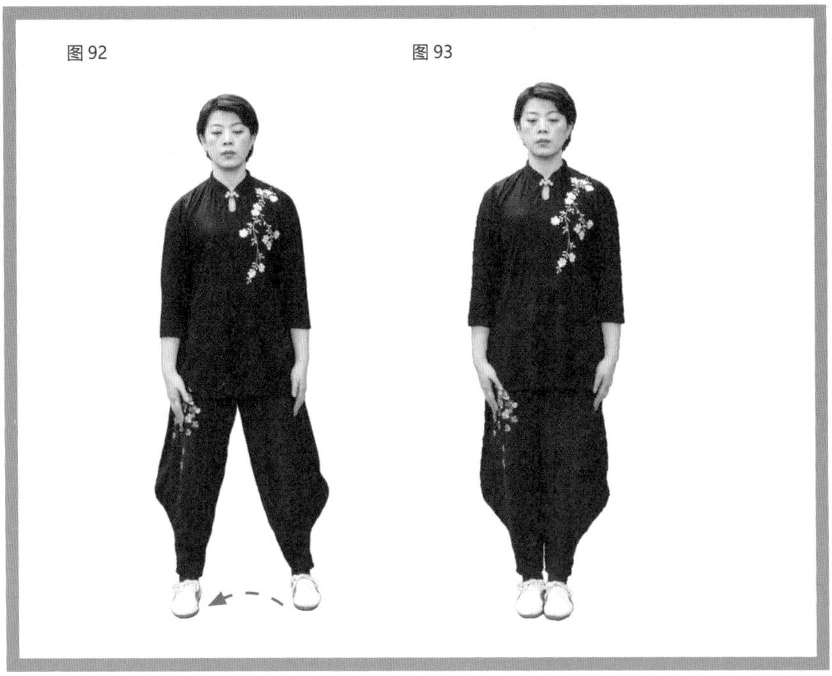

图92

旋腕体侧，两臂下垂。

图 89 至图 93 为一组，重复两遍，共做三组。

图93

左腿收回，调整呼吸，意守丹田，目视前下。

要领

按照“起吸落呼，开吸合呼”的要求，两臂侧上举时应配以吸气，有引掌采气的意念；两臂按落时配以呼气。意念经胸腔导引入腹腔，起到意守丹田、阴平阳秘的作用。

在练习松柔功法时需要注意以下几点。

(1) 心静体松，节节松开，一松到底，松中求静，松中求柔，并做到似行云流水、春蚕吐丝、连绵不断，使之势势相承，势断劲连，劲断意连。

(2) 注重意念与动作、呼吸的协调配合。在意念的引导下，随着动作的一张一弛、一紧一松，一呼一吸要与之合拍。呼吸要做到深长匀细、绵绵若存，达到形、气、神的和谐统一，进而追求内外合一、形神合一和天人合一的最佳境界。

(3) 始终保持舌尖抵上腭，起到“搭桥”的作用，便于接通任、督二脉，让气的运行能够上下通畅。同时，舌抵上腭能促使唾液大量地分泌，唾液中含有丰富的钙和磷，能起到固齿的功效，还能起到助消化和消炎的作用，唾液中含有的腮腺激素有延缓衰老的作用。所以，一开始练功就要养成“舌抵上腭”的良好习惯。

三、穴位按摩

1. 揉按百会穴

图 94

图 95

图 96

图 97

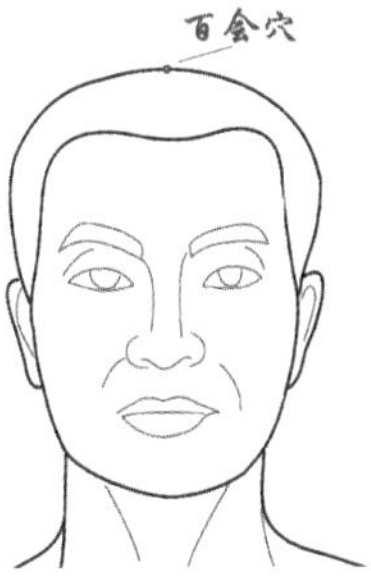

“百会穴”位置：两耳尖与头正中线相交处，按压有凹陷感。

要领

两腿弯曲，盘坐在垫子上或床上，其中一脚心朝上为单盘腿；两腿交叉，脚心均朝上为双盘腿。一手按在膝盖上方，另一手掌心轻按百会穴。揉按该穴约 30 次（可左、右手交替进行）。

功效

可改善大脑皮层的兴奋与抑制程度，促进头部血液循环，对大脑皮层的中枢神经有良好的调节作用，可消除失眠、缓解头痛和神经衰弱等症状。

2. 揉按安眠穴

图 98

图 99

图 100

图 101

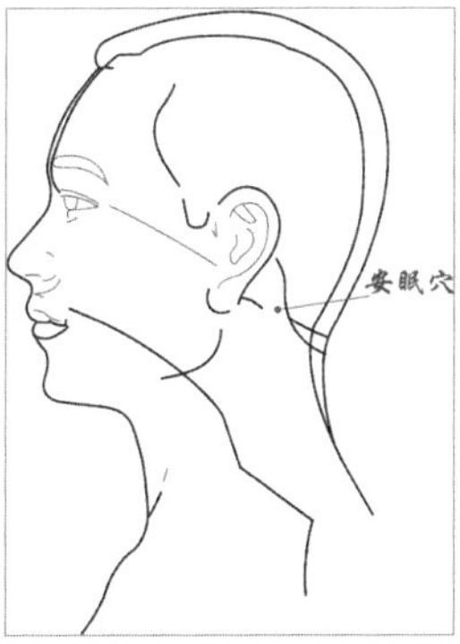

“安眠穴”位置：位于项部，翳风穴和风池穴边线的中点。

要领

两腿盘坐（与“揉按百会穴”中的盘坐姿势相同）。用双手大拇指指腹揉按该穴约 30 次。

功效

经常揉按此穴，具有镇惊安神的作用，可以治疗失眠、头痛等症状。

3. 揉双眼

图 102

图 103

图 104

图 105

要领

两腿盘坐（与“揉按百会穴”中的盘坐姿势相同）。用拇指和食指中节由内向外分别揉上眼皮和眼球下沿约 30 次。揉眼的同时，眼睛往内看，双眼微闭，排除杂念，静神定心。

功效

揉双眼可起到气定神闲、安神助眠的作用。

4. 揉按神门、太渊穴

图 106

图 107

图 108

图 109

图 110

以上为揉按太渊穴，揉按神门穴与其方法相同，位置不同。

“神门穴”位置：腕前区，腕横纹尺侧端，尺侧腕屈肌腱的桡侧凹陷处。

“太渊穴”位置：一只手四指握住手腕外侧，拇指弯曲，指尖所到凹陷处。掌心朝上，手腕横纹外侧摸到桡动脉，即外侧凹陷处。

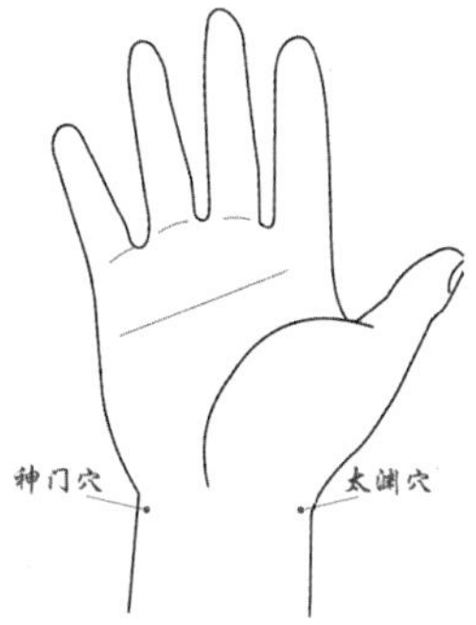

要领

两腿盘坐（与“揉按百会穴”中的盘坐姿势相同）。一手以拇指和食指同时揉按另一手的“神门穴”和“太渊穴”约30次（可左、右手交替进行）。

功效

揉按“神门穴”有助于养心安神、补益心气，降低心血管疾病的发病率，还可松弛过度紧张焦虑的中枢神经，有效治疗失眠、焦虑等症状。

揉按“太渊穴”能起到疏风解表、宣肺止咳、益心通阳和祛淤通脉的作用，改善肺部功能，有助于镇静安神。

5. 搓涌泉穴

图 111

图 112

图 113

图 114

图 115

图 116

图 117

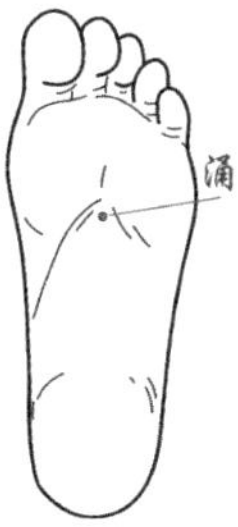

“涌泉穴”位置：足底部，蜷足时足前部凹陷处，约在足底第2、3 趾趾缝纹头端与足跟连线的前三分之一与后三分之二交点上。

要领

两腿盘坐（与“揉按百会穴”中的盘坐姿势相同）。一手以掌心揉搓另一脚的“涌泉穴”约 30 次（可左、右手交替进行）。

功效

俗话说“要想睡得安，涌泉常温暖”。涌泉穴在人体养生、保健、防病、治病等各个方面都起着非常重要的作用，是人体的第二长寿穴。常按摩此穴，可以滋阴益肾、平肝熄风，有助于治疗神经系统的疾病，助眠安神。

6. 坐式摇身

图 118

图 119

图 120

图 121

图 122

图 123

图 124

要领

两腿盘坐（与“揉按百会穴”中的盘坐姿势相同）。上体由左向右或由右向左绕环摇动约 30 次，幅度大小可根据个人情况而定。柔缓的音乐中加上语言提示：“我什么都不想，我很放松”“我要休息了，我放松，从头松到脚”“我要睡觉了，睡吧，静静地睡吧”“我的眼皮越来越沉，呼吸越来越慢”。配合香味的催眠，如点上檀香或薰衣草，有助安神，营造睡眠的氛围。

功效

通过坐式摇身，充分地放松肢体，松静自然，悠然自得。练功的本体感觉、昏暗环境的视觉、抚摸的触觉、闻香的嗅觉，加上音乐渲染的听觉，“五觉”合力助眠，再加上心理暗示、语言诱导，一定会收到意想不到的效果。“松静练功十分钟，一夜睡眠好轻松”。

良好环境能助睡眠	合理饮食能助睡眠

良好环境，合理饮食。

第四章

生活中注重睡眠

一、良好环境能助睡眠

1. 打造良好的睡眠港湾

睡眠的环境应宁静、幽雅，如窗帘宜用冷色调；要避噪声，因为噪声对睡眠质量影响最大；还要无灯光，因为黑暗环境才便于大脑分泌利于睡眠的褪黑素。研究人员发现，夜间卧室里哪怕有一丝光亮都可能干扰人的生物钟而造成精神抑郁，另外可能致身体停止生成褪黑素，而褪黑素是促进睡眠的荷尔蒙，所以睡眠时应避免任何种类的光线。另外还要温度适中，空气质量良好；床具要适宜，包括枕头、床垫、被子等均要舒适；内衣要干净、宽松，或穿宽松的睡衣。

2. 建立睡眠时间表

要有规律地生活，发挥生物钟的作用。因为身体喜欢规律的睡眠时间，所以最好每天选择固定的时间上床睡觉。最好晚上 9 时（21 时）睡觉，因为此时气血走三焦经，此时为亥时（21—23 时），亥时养生就是要理顺三焦。至晚不超过子时（23 时—凌晨 1 时）的 23 时，此时对应的经络是足少阳胆经，保证充足睡眠，使胆经能获得足够的能量。丑时（凌晨 1—3 时），气血行至足厥阴肝经，“卧则血归于肝”。此时如能进入深度睡眠，就能发挥肝藏血的作用，很好地造血、解毒，保证肝脏的功能修复，提高人体免疫力。午觉也要睡一会儿，睡子午觉与天地阴阳转换同步，利于健康。还有，要定时起床，建立一套睡眠的时间表。

3. 睡眠要充足

每天睡眠时间因人而异，一般每天睡足 6.5 ~ 7.5 小时的人，身体最为健康，平均寿命也最长。睡 8 ~ 9 小时若无不适也无妨。老年人可随年龄增长而随之增加睡眠时间。常熬夜则会诱发包括癌症在内的多种疾病。

4. 睡前保持愉悦心境

神安则眠。睡前不能想、不能谈不愉快之事；不能想、不能谈沉重的、压力大的事情；更不能动怒、生气，以免造成不良情绪。睡前勿愤怒，若受惊吓或遇难受之事后勿即睡，要待心情完全平复后再睡。临睡前要谈些、想些轻松的事情，以保持愉悦的心情，这一点也十分重要。因为心理因素在导致失眠的原因中占 60% ~ 80%，调整心态应是关键所在。

5. 远离“睡眠垃圾”

睡前要远离咖啡、浓茶等易兴奋的饮料，睡前 1 ~ 2 小时还要远离手机、电脑等电子产品，因其会放射出一种蓝光，蓝光会提高兴奋性，是“睡眠垃圾”。有一些气味芬芳的花草也要远离，比如百合花的香气会令人过度兴奋而引起失眠。

6. 裸睡治疗失眠

据说日本北海道有个村庄，所有村民都有裸睡的习惯，失眠之人较少。日本睡眠专家指出，裸睡有助于缓解神经压力，放松紧绷的肌肉，有助于进入深层次睡眠，对失眠的人有一定的安抚作用。

穿衣服睡觉不利身体降温，容易导致睡眠障碍；而裸睡则有益身体降温，让身体回到正常分泌水平，改善睡眠质量。事实上，裸睡一直被睡眠问题研究专家所倡导，在专家们眼中，科学地选择裸睡的确有一些神奇的功效。

二、合理饮食能助睡眠

1. 食饮有节，起居有常

《黄帝内经》曰："食饮有节，起居有常，不妄作劳。"中医理论强调人要生活有规律，只有这样才能达到阴阳平衡、养生祛病的目的。到点吃饭、到点睡觉、到点休息，这个规律我们最好遵循，否则遗患无穷。睡前用热水泡脚能提高睡眠质量。

肠道的健康与否对睡眠有着重要的影响，睡眠质量不仅受心理压力和情绪焦虑的影响，还与肠道菌群有很大关系。影响睡眠质量的要素，不光是脑子里在想什么，还包括肠子里装着什么，睡前一定要杜绝进食高热量的食品。

2. 睡不好，食来补

日常生活中可以通过饮食调理达到调节睡眠的效果。

（1）羊奶

羊奶中含有一种色氨酸，能促进大脑神经细胞分泌出使人昏昏欲睡的神经递质——5- 羟色胺；还含有一种烟酸，有利于解除疲劳并入睡。

（2）百合、酸枣仁

百合、酸枣仁含有大量生物碱，可调节神经中枢，使神经中枢重归平衡。服用后，能大大提升睡眠质量，实现自然健康的睡眠，还能缓解头痛、眩晕、疲惫等症状。

（3）核桃

核桃是很好的滋补食物，已被证明可以改善睡眠质量，因此常用来治疗神经衰弱、失眠、健忘、多梦等。可以配以黑芝麻，捣成糊状，睡前服用 15 克，效果非常明显。

（4）蜂蜜

蜂蜜是一种作用于全身的镇静剂。每天睡前用 40℃左右温水冲一杯蜂蜜水，就是一杯很好的安睡安神饮品。

（5）醋

醋含有多种氨基酸和有机酸，消除疲劳的作用非常明显。可以用一汤匙食醋加入温开水中服食，饮后静心闭目，有助入睡。

（6）燕麦

燕麦是很有价值的助眠佳品。煮一小碗燕麦粥，加少许蜂蜜混合其中是再合适不过了。

（7）香蕉、杏仁

香蕉含有能使肌肉放松的镁。而杏仁不仅含有镁，还含有色氨酸，而色氨酸可促进褪黑素的分泌。所以吃少量坚果也是催眠的又一妙招。

（8）土豆

一个小小的烤土豆是不会破坏你的胃肠道的，相反它能够清除那些妨碍色氨酸发挥催眠作用的酸化合物。如果混合温牛奶做成土豆泥的话，效果会更佳。

（9）小米、莴笋等

小米、莴笋、鲜藕、大枣、葡萄、葡萄酒和莲子等均有改善睡眠的作用。

（10）钙

钙不仅是骨骼生长必不可少的元素，也是重要的神经递质，它能加强大脑皮层抑制过程，可以调节大脑兴奋与抑制之间的平衡。进入中老年后，女性丢失骨钙 30% ~ 50%，男性丢失骨钙

20% ~ 30%。而随着钙大量流失，中老年人失眠现象严重。因此，补充人体所需钙质，可改善睡眠质量。

综上所述，我们在认识了睡眠重要性的基础上，运用太极的原理，从意念、呼吸、动作、按摩以及生活中环境、饮食诸方面综合调理，能够提高睡眠的质量，保证充足的睡眠，以达到健康与延年益寿的目的——这就是我们创编《太极助眠功》的初衷。

后记

曾乃梁

拙作《太极助眠功》即将问世，感到十分高兴，为了这本书，许多领导、朋友、弟子都给予了极大的关心和支持，在此致以由衷的谢意。

武术界老领导李杰为本书题词；中国武术协会原副主席、首届国际武联技委会主任、中国武术研究院专家委员会主任张山老师百忙中为本书作序，对我们是极大的鼓舞，使本书增色不少。本书还得到河南省体育局李惠处长的关心、支持和指导。我的入室弟子、中国武术和健身气功双七段、福建体育职业技术学院曾卫红老师为本书做了很好的动作示范；我的入室弟子、中国武术六段、福建省社会武术准高级教练王洁不辞辛劳为本书担任执行主编；我的入室弟子、连城县太极拳领军人物、书法达人蒋继林为本书奉献了精彩的墨宝；我的入室弟子、福建省社会武术准高级教练郑成伟加班加点协助我为本书选图、画线及修改文字等，做了十分细致的工作，在此一并致以衷心的感谢！

由于水平有限，时间仓促，书中定有不当之处，敬请专家和广大读者批评指正。